PALOMA BLANCA

Ilustrações: **PAULA KRANZ**

E SE EU SENTIR...

GRATIDÃO

Ciranda na Escola

Dados Internacionais de Catalogação na Publicação (CIP) de acordo com ISBD

B236e Barbieri, Paloma Blanca Alves

E se eu sentir... gratidão / Paloma Blanca Alves Barbieri ; ilustrado por Paula Kranz. – Jandira, SP : Ciranda na Escola, 2025.
32 p. ; 24cm x 24cm. – (E se eu sentir...)

ISBN: 978-65-5384-596-1

1. Literatura infantil. 2. Emoções. 3. Sentimentos. 4. Gratidão. 5. Saúde. 6. Psicologia. I. Kranz, Paula. II. Título. III. Série.

CDD 028.5
2025-1802   CDU 82-93

Elaborada por Vagner Rodolfo da Silva - CRB-8/9410

Índice para catálogo sistemático:
1. Literatura infantil 028.5
2. Literatura infantil 82-93

Este livro foi impresso em fonte Melon Slices e Metallophile em maio de 2025.

Ciranda na Escola é um selo do Grupo Ciranda Cultural.

© 2025 Ciranda Cultural Editora e Distribuidora Ltda.
Coordenação editorial: Elisângela da Silva
Texto © Paloma Blanca A. Barbieri
Ilustrações © Paula Kranz
Edição: Fabiana Oliveira
Revisão: Luciana Garcia e Angela das Neves
Projeto gráfico: Natália Renzzo
Diagramação: Imaginare Studio
Produção: Ciranda Cultural

1ª Edição em maio de 2025
www.cirandacultural.com.br
Todos os direitos reservados. Nenhuma parte desta publicação pode ser reproduzida, arquivada em sistema de busca ou transmitida por qualquer meio, seja ele eletrônico, fotocópia, gravação ou outros, sem prévia autorização do detentor dos direitos, e não pode circular encadernada ou encapada de maneira distinta daquela em que foi publicada, ou sem que as mesmas condições sejam impostas aos compradores subsequentes.

PALOMA BLANCA nasceu em uma cidade litorânea de São Paulo. Apaixonada pela linguagem, decidiu se formar em letras e se especializar em tradução e ensino. Ela sempre gostou de escrever, desde criança. Em suas histórias e poesias, costumava falar sobre tudo o que sentia, pois, na escrita, encontrou a oportunidade perfeita para descobrir e compreender seus sentimentos. Escrever este livro foi um verdadeiro presente, que ela quer compartilhar com todas as famílias e, especialmente, com as crianças, que (assim como ela em sua infância) desejam aprender a lidar com esse turbilhão de emoções que surge ao longo da vida.

PAULA KRANZ é mãe de duas lindas meninas. Logo que se tornou mãe, diversos sentimentos invadiram seu coração. E teve a oportunidade de transformar todo o medo, a tristeza, a raiva e a imensa felicidade que sentiu em sensações que a fizeram crescer como pessoa. Assim, junto de suas meninas, voltou a viver nesse mundo lúdico da infância. Nos últimos anos, além de brincar de comidinhas e poços de areia e de desenhar garatujas, ela se especializou em livros infantis. E lá se foram diversos livros publicados com os seus desenhos. Cada vez mais está repleta de sonhos e de vontade de mostrar a delicadeza e a leveza da infância, ilustrando a magia, o brilho nos olhos e a forma única de ver o mundo que as crianças compartilham todos os dias conosco.

UM RECADO PARA A FAMÍLIA

A descoberta dos sentimentos pode ser um momento surpreendente e difícil para as crianças, principalmente quando eles são desafiadores. Por isso, a proposta deste livro é mostrar aos pequenos como e quando o sentimento da gratidão aparece e a importância de vivenciá-lo em vários momentos, sejam simples ou grandiosos.

Nesse processo de descoberta das emoções, a família, os educadores, os psicólogos e outros profissionais da infância são convidados a enxergar a gratidão a partir de um outro olhar: o da criança! Afinal, os pequenos têm uma visão única e especial sobre tudo o que acontece à sua volta.

Lidar com alguns sentimentos não é nada fácil, seja para o adulto, seja para a criança. Por isso, quanto mais cedo os pequenos entenderem suas emoções, mais rapidamente eles desenvolverão autonomia e confiança, habilidades essenciais para trilhar essa incrível jornada que todos compartilhamos: a vida!

CRIANÇAS, ANIMAIS E SENTIMENTOS

Geralmente, a criança se sente fascinada pelos animais de estimação, e não é para menos, pois, além de serem queridos, bons amigos e trazerem muita alegria para o lar, eles podem melhorar a saúde e proporcionar uma deliciosa sensação de bem-estar.

Conviver com um animal de estimação, seja um gatinho, um cachorro ou um coelho, pode ensinar às crianças valores muito importantes, como paciência, respeito, gentileza, afetividade e responsabilidade.

Além disso, na companhia dos animais, as crianças encontram a confiança e a autoestima de que precisam para solucionar seus conflitos e, inclusive, lidar com seus próprios sentimentos.

FALANDO SOBRE A GRATIDÃO

A gratidão é um sentimento poderoso, pois traz leveza aos nossos dias e nos ajuda a enxergar toda a beleza que existe ao nosso redor. Que tal refletir um pouco sobre essa emoção?

- Em quais situações você sente gratidão?
- Como você age quando sente essa emoção?
- Quando foi a última vez que você se sentiu grato por algo?
- Como era a sensação?

Diferentemente de algumas emoções, a gratidão, mais do que um sentimento, é um valor que pode e deve ser ensinado às crianças desde cedo. Afinal, uma criança que aprende a sentir e a praticar a gratidão acaba desenvolvendo um olhar mais gentil e positivo sobre tudo o que acontece ao redor dela.

Para que a criança vá adquirindo uma percepção verdadeira da gratidão e atraia cada vez mais esse sentimento para a vida dela, algumas afirmações podem ser ditas diariamente:

"Eu sou grato por mais um dia!"

"Eu sou grato pela minha família e pelos meus amigos!"

"Eu sou grato por tudo o que tenho e sou!"

"Eu sou grato pelo dom da vida!"

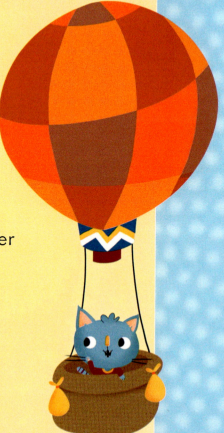

A **GRATIDÃO** É UM SENTIMENTO MUITO PODEROSO, POIS, QUANTO MAIS EU AGRADEÇO, MAIS MOTIVOS PERCEBO PARA SENTIR ESSA EMOÇÃO. SENTIR GRATIDÃO É TÃO BOM!

EU APRENDI O QUANTO É IMPORTANTE SENTIR **GRATIDÃO**.

TANTO NAS GRANDES...

— MEU FILHO, ATÉ PELA CHUVA NÓS DEVEMOS AGRADECER. AFINAL, ELA REGA AS PLANTAS, ABASTECE OS RIOS E LAGOS... SEM A ÁGUA DA CHUVA, NÃO PODERÍAMOS VIVER.

MEUS PAIS TAMBÉM ME ENSINARAM QUE PODEMOS SENTIR **GRATIDÃO** EM MOMENTOS QUE NÃO PARECEM TÃO BONS.

— ESSA, NÃO! ESTÁ CHOVENDO.

E ATÉ QUANDO AS FLORES DESABROCHAM NO JARDIM.

QUANDO ALGUÉM ME AJUDA A RESOLVER UM PROBLEMA...

— OBRIGADO, PAPAI!

— OBRIGADO, MAMÃE!

QUANDO A MAMÃE E O PAPAI CUIDAM DE MIM...

— PODE PEGAR EMPRESTADO.

— VALEU!

POR EXEMPLO, QUANDO UM AMIGO ME FAZ UMA GENTILEZA...

POR ISSO, EU DIGO "OBRIGADO" EM VÁRIAS OCASIÕES.

DESCOBRI QUE SENTIR E EXPRESSAR **GRATIDÃO** SÓ FAZ BEM AOS CORAÇÕES.

"POR ESTE ALIMENTO
EU QUERO AGRADECER.
E DESEJO QUE TODO MUNDO
TENHA UMA MESA FARTA PARA COMER."

O PAPAI TAMBÉM ME DISSE QUE É PRECISO AGRADECER PELAS REFEIÇÕES. PARA ISSO, ELE ME ENSINOU UMA LINDA ORAÇÃO:

— CADA DIA É COMO UM PRESENTE, MEU FILHO. POR ISSO, É IMPORTANTE SEMPRE AGRADECER PELO NOVO DIA QUE ACABA DE CHEGAR.

A MAMÃE ME DISSE QUE DEVEMOS SENTIR **GRATIDÃO** LOGO AO ACORDAR.

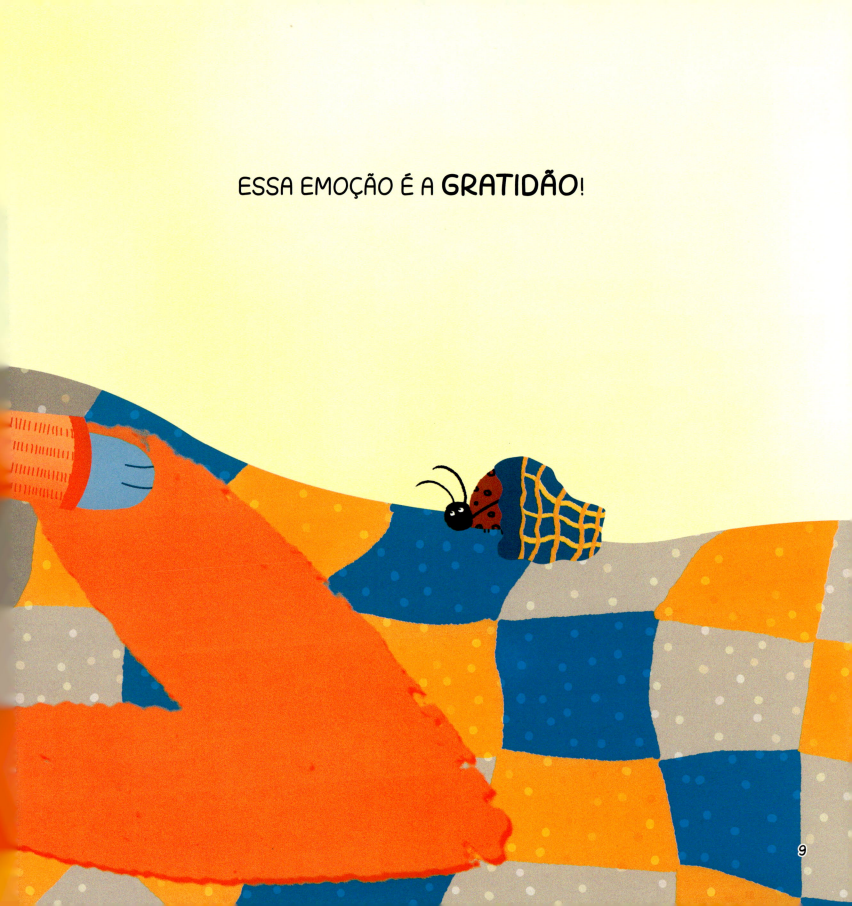
ESSA EMOÇÃO É A **GRATIDÃO**!

... E BASTANTE RELAXADO.

NESSE TURBILHÃO DE EMOÇÕES, HÁ UMA QUE DESPERTA EM MIM AGRADÁVEIS SENSAÇÕES.

As emoções são as cores da alma. São espetaculares e incríveis. Quando você não sente, o mundo fica opaco e sem cor.
William P. Young

Dedico este livro à minha gigantesca família (em especial, à minha mãe, Creusa), que me proporcionou e ainda proporciona as mais lindas e diferentes emoções!